AF370877

ADMIS
aux
EXPOSITIONS
de
1847 et 1850.

ÉLOGES

sur les

ADMIS
à
L'EXPOSITION
de Londres,
de 1853.

CHEFS-D'OEUVRE

EN SUCRE

DE M. GOURTIN,

Par la Presse de Bordeaux et des Départements.

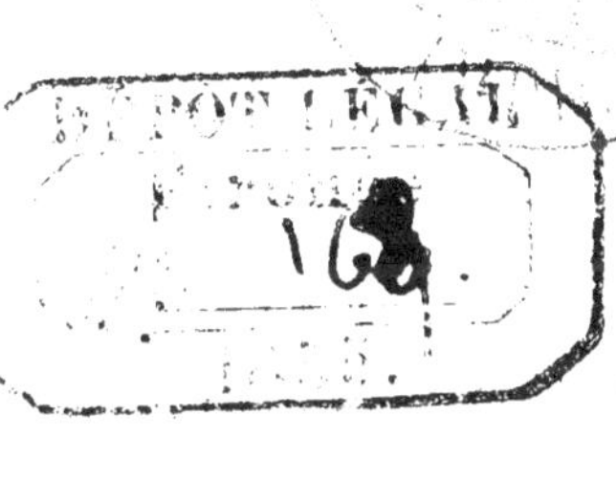

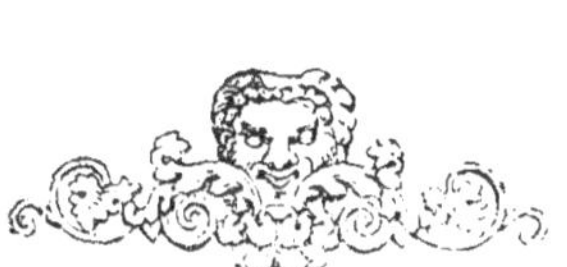

BORDEAUX,

Imp. MÉTREAU et Ce, rue du Parlement-Ste-Catherine, 19.

1855.

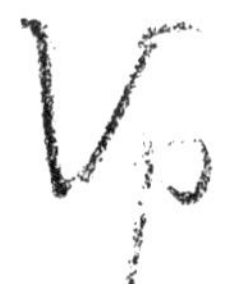

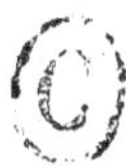

ÉLOGES

sur les

CHEFS-D'ŒUVRE

EN SUCRE

De M. COURTIN,

Par la Presse de Bordeaux et des Départements.

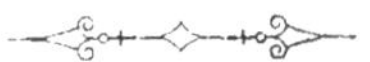

Depuis quelques jours, on remarque dans le magasin de **M.** Bressler, pâtissier, au coin de la rue du Palais-Royal, un petit chef-d'œuvre qui atteste la patience et le bon goût de celui qui l'a édifié : c'est une cathédrale gothique, faite en sucre et au cornet par un jeune Suisse, **M.** Courtin, qui paraît exceller dans ce genre de travail.

(*Guienne*, 25 juin 1846.)

Les arts sont frères, dit-on avec raison, aussi ne

sommes-nous pas étonnés de voir des pâtissiers architectes après avoir vu des pâtissiers poètes. Quand on
examine le travail de M. Courtin, garçon pâtissier,
rue des Trois-Conils, on se demande naturellement
si c'est bien là un travail fait au cornet et sans moule.
Rien n'est plus vrai cependant. Quelle patience et
quelle perfection dans tous les détails de ce char-
mant édifice ! M. Courtin a gagné ses éperons dans
l'art de bâtir en sucre ; aussi ce n'est pas à lui que
nous dirons : *Faites des brioches ;* la concurrence le
perdrait, puisqu'on n'en a jamais tant fait que de
nos jours.

(Indicateur, 23 juillet 1847.)

Nous aimons beaucoup mieux la *cathédrale* de
sucre de M. Courtin, simple mitron, qui a entrepris
au cornet l'édification d'une basilique qui accuse un
travail et une patience à faire pâlir un galérien.

(Homme gris. — Exposition de 1847.)

MM. Fassiaty et Courtin, pâtissiers, rue Judaïque, viennent d'exposer aux regards du public un
travail en sucre entièrement fait au cornet, qui mérite de captiver l'attention des amateurs.

M. Courtin est déjà connu pour avoir exposé, en
1847 et en 1850, des ouvrages qui lui ont valu l'ap-

probation publique. Le nouveau travail qu'il vient de confectionner est supérieur à ceux que nous avons déjà vus. C'est un temple ou cathédrale gothique, avec ses belles rosaces, ses dentelures et toute la délicatesse de cette grandiose architecture.

Mais ce qui n'est pas moins merveilleux, c'est que M. Courtin n'a jamais appris le dessin, et que chez lui le goût seul l'a fait en quelque sorte artiste et artiste remarquable. Nous engageons nos lecteurs à se rendre compte de ce tour de force, qui a droit d'étonner, chez un homme qui n'a jamais manié le tire-ligne, le compas et l'équerre.

On dit que le cabinet de Portici contient plusieurs moules de pâtisserie trouvés à Herculanum. Nous sommes convaincus d'avance que M. Courtin fait beaucoup mieux que la pâtisserie romaine avec son simple cornet, et que s'il eût vécu du temps du chancelier de L'Hôpital, ce grand homme se serait abstenu de proscrire la vente des petits pâtés dans les rues de la capitale.

(*Indicateur*, 6 novembre 1850.)

Les architectes et les sculpteurs exploitent le marbre, la pierre, le bois et le métal pour produire les merveilles de leur art. On fait même quelquefois de l'architecture avec le produit de nos bois et de nos jardins, en élevant des arcs de triomphe pour le passage d'une procession ou la réception d'un grand personnage; on sait qu'on en fait avec la neige quand l'hiver déchaîne ses fureurs sur nos têtes. Mais nous ne sachons pas que personne se soit avisé d'en faire avec le produit de la canne ou de la betterave, c'est-à-dire avec du sucre. Ce prodige était réservé à M. Courtin, pâtissier, rue Judaïque, nº 5, et cela avec un goût et un succès qui ne laissent rien à désirer. Allez voir la cathédrale de Rouen, édifiée dans son magasin, et dites-nous s'il est possible d'atteindre à une plus haute perfection, avec une matière comme celle qu'il emploie. M. Courtin est un homme très-habile dans ce genre, et il est à présumer que, plus heureux que beaucoup d'autres, il n'a pas de rivaux dans l'art de reproduire la délicatesse et l'élégance des constructions gothiques. Nous l'en félicitons pour son bon goût et pour ses intérêts, car il est à présumer que celui qui façonne si artistement un chef-d'œuvre d'architecture, doit exceller dans l'art de faire de bonne pâtisserie.

(Indicateur, 1er avril 1852.)

La Tour de Pey-Berland en sucre.

A propos de sucrerie, nous avons vu hier un travail remarquable devant lequel la foule s'arrête béante d'admiration : c'est la Tour de Pey-Berland, dont l'auteur est M. Courtin, rue Judaïque, le même que nos lecteurs connaissent depuis quelques années,

et qui s'est acquis parmi nous une réputation méri-
tée pour la confection de quelques églises, cathédrales gothiques parfaitement imitées. La Tour de
Pey-Berland est un travail vraiment remarquable :
il prouve que son auteur est réellement artiste, pour
rendre avec tant de délicatesse et de perfection les
beautés de notre architecture religieuse.

Nous engageons les curieux et les amateurs à se
rendre compte par eux-mêmes du mérite de cette
œuvre de patience et de vrai savoir; ils seront surpris comme nous de la facilité que M. Courtin a ac-
quise dans ce genre.

(*Indicateur* du 15 août 1852.)

La Cathédrale Saint-André, en sucre.

M. Courtin, dont nous avons déjà parlé au sujet
de ses élégants édifices en sucre, tels que la cathédrale de Rouen, le clocher de Pey-Berland, etc.,
vient de se surpasser dans l'exécution de notre belle
cathédrale.

M Courtin, on le sait, ne connaît d'autres maté-
riaux que le sucre ; avec six kilogrammes environ de
cette matière, il est parvenu à édifier le monument
complet de Saint-André, avec ses flèches élancées,
ses portes principales, ses belles rosaces et les déli-
cats contreforts qui entourent l'édifice de la porte du
nord à la porte du sud. Aucun détail artistique ne

manque dans la reproduction de la basilique ; la vé-
rité y est tellement exacte que, si l'original venait
à disparaître, il serait facile, sur le travail de notre
artiste pâtissier, de reproduire le vaisseau extérieur
du monument avec tous les détails de sa riche architecture.

Nous engageons nos lecteurs à diriger leur prome-
nade dans la rue Judaïque, pour se rendre compte
de l'habileté et de la patience de notre architecte en
sucre.

(Indicateur, 13 mars 1853.)

EXTRAIT

du

RAPPORT DU JURY D'EXAMEN DE L'EXPOSITION NATIONALE

(1854).

M. Courtin, de Bordeaux, est un véritable artiste
en sucre, qui n'a reculé devant aucune difficulté. Les
monuments style gothique, exposés par lui, sont à
la fois des ouvrages de patience et d'art qui attestent
un certain goût et une grande habitude du travail
au cornet. Le Jury ne peut refuser ses suffrages à
une habileté de main que le public s'est plu à ap-
plaudir.

En conséquence, il lui décerne une mention honorable pour son habileté dans la confection des modèles en sucre.

M. Courtin, rue Judaïque, a exposé deux cathédrales en sucre, œuvre de patience et de goût qui dénote un véritable artiste, et qui a été très-remarquée.

(*Courrier de la Gironde,* **26** août **1854.**)

Maintenant, qu'il me soit permis de glisser ici le nom d'un pâtissier, sans vouloir offenser personne. M. Courtin, je veux le croire, fait de l'architecture comme **M.** Jourdain de la prose, mais il en fait réellement, et mieux que plusieurs architectes de ma connaissance, j'ose l'affirmer. Sa cathédrale, pour être exécutée au cornet et en sucre fin, n'en est pas moins un travail très-curieux. Peut-être quelques morceaux de l'ornementation flamboient-ils d'une manière trop ambitieuse : mais l'ensemble est bien mesuré, et l'effet général très-bien entendu.

Nous engageons M. Courtin a laisser là la fabrication des choux à la crème et de la tarte hollandaise,

à se munir d'une équerre et d'un compas, et à s'en
aller bâtir des cathédrales où bon lui semblera.

(*Revue de Bordeaux*, journal scien-
tifique, 27 août 1854.)

Nos compatriotes qui ont visité l'exposition nationale de Bordeaux, auront été surpris comme nous
de trouver notre belle cathédrale bâtie en sucre.
Parmi les milliers d'objets exposés, la cathédrale
d'Orléans est exactement reproduite en entier, aucun de ses ornements n'y manque, son clocher
élancé, ses tours dentelées, ses innombrables cloche-
tons et enfin ses belles rosaces avec ses beaux portiques.

Mais ce qui n'est pas moins merveilleux, c'est le
fini de l'intérieur, aucune ornementation n'y manque, autel, corniches, chapelles, lustres ; tout est
si bien fait, qu'on dirait la basilique parée pour un
jour de grande fête. Nous engageons nos amis qui
ont occasion de visiter l'exposition nationale, de remarquer le n° 250, où ils verront trois ouvrages d'art
faits en sucre, un château-fort, de la composition de
l'artiste, la cathédrale de Rouen et la cathédrale
d'Orléans. Nous félicitons M. Courtin de son bon
goût d'avoir choisi un monument d'Orléans pour le
faire figurer à l'exposition, un des monuments peut
être les plus difficiles, et qui prouve que M. Courtin

est initié dans l'art de reproduire notre belle architecture religieuse.

(*Courrier de la Loire*, 29 août 1854.)

Arrivons maintenant à l'artiste que nous avons
réservé pour la bonne bouche, en sa qualité de pâtissier : nous voulons parler de **M.** Courtin, l'élégant
architecte d'un château et des cathédrales d'Orléans
et de Rouen, le tout en sucre. Ce pâtissier émérite,
car il n'a pas de rival à Bordeaux, se perfectionne
tous les jours. Chaque œuvre nouvelle qui sort de
ses mains atteste un progrès dans ce genre d'architecture. Tous les ordres et tous les styles semblent
lui être familiers. Le gothique, le toscan, le dorique,
la renaissance, rien ne lui est étranger ; avec son
cornet et son sucre fondu, il enfante des merveilles
et dentelle une église avec une rare perfection.
M. Courtin s'est avisé un jour d'exécuter notre cathédrale et la belle tour de Pey-Berland et de l'en-
voyer à l'exposition de Londres, comme ce monument est d'origine anglaise, nos voisins d'Outre-
Manche n'ont pas laissé passer l'occasion de le garder
pour eux, en payant largement les frais de construc-
tion à son habile architecte.

(*Indicateur*, 11 septembre 1854.)

ÉPITRE

D'HOMMAGE ET DE FÉLICITATION

A M. COURTIN,

Pâtissier-Confiseur Suisse,

RUE JUDAÏQUE SAINT-SEURIN, A BORDEAUX (GIRONDE).

Par **ROBY (Louis)** Homme de Lettres.

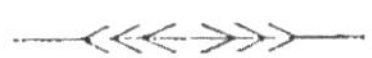

Courtin, à ton génie, on doit un pur hommage,
Et l'on vient admirer ton magnifique ouvrage.
Dans Rome et dans Paris, où brillent les talents,
En sucre on n'a point fait de si beaux monuments.
Comment peux-tu si bien imiter la nature,
Tu connais donc à fond l'ordre d'architecture ?
Je suis tout étonné, et je ne sais comment,
De voir tous tes progrès, je t'en fais compliment.
Sans trop de flatterie, en ce temps si moderne,
Quel est donc cet esprit, enfin, qui te gouverne,
Et qui conduit ta main sans brique et sans marteau.
Et qui te fait bâtir aussi bien de niveau.

Vauban t'a donc fourni ses plans, et ton étude
S'est donc approfondie avec exactitude ;
On dirait, à te voir, que tu sors de l'esprit
Le plus profond génie, enfin, l'on t'applaudit.
Tous les hommes de l'art proclament ton chef-d'œuvre,
L'on connaît le talent quand tu te mets à l'œuvre ;
Comme auteur, aujourd'hui, je ferai mon devoir,
Et je veux, à Bordeaux, proclamer ton savoir ;
A ton profond talent, il n'est rien qui l'égale,
D'un monument sacré tu fis la cathédrale ;
Ses clochers sculptés et ses superbes tours,
Sont faits avec le goût des plus antiques jours,
Que l'on vit élever au sein du moyen âge,
Tant de beaux monuments au bord de ce rivage.
J'ai su tout remarquer, les portiques sont bien,
Tout est fait sans défaut, ton savoir est divin ;
Sans moules et sans outils, avec une main sûre,
Tu sais bien imiter la plus belle gravure
Qu'on a mis sous tes yeux, comment donc as-tu fait,
Pour élever au Cieux ton talent si parfait ;
De tous les Pâtissiers tu seras le modèle ;
Daigne me pardonner, je voudrais être Appèle,
Pour dépeindre tes traits dans tous mes humbles vers
Et louer ton talent dans le vaste univers.
Je peindrai, si je puis, ton immortelle image,
En faisant ton portrait auprès de ce rivage,
Et pour mieux, sous le Ciel, chanter sans vanité,
Je veux porter ton nom à l'immortalité.
Daigne me pardonner, fais-moi donc cette grâce,
Je sens que mon esprit me donne plus d'audace.

Courtin, sans flatterie, on te doit de l'encens,
Et l'on doit honorer tes sublimes talents.
Depuis que les beaux-arts, chez nous, prirent naissance,
Jamais les Pâtissiers, dans le sein de la France,
N'eurent tant de génie; une divinité
Te conduit de ce pas vers la postérité.

Bordeaux. — Imprimerie Métreau et Ce.